MUNICIPALITÉ DE PARIS.

CONSEIL GÉNÉRAL

DE LA COMMUNE.

RAPPORT

De MM. Tiron, Andelle, Lardin *&* Quin ;
Commiſſaires nommés pour propoſer une évaluation de dépenſes légitimes des Comités des Sections.

Messieurs,

Vous nous avez fait l'honneur de nous nommer Commiſſaires pour propoſer au Conſeil général une évaluation commune des dépenſes légitimes des Comités des Sections.

Nous devons commencer, Meſſieurs, par juſtifier le retard dont vous avez pu vous plaindre, dans le Rapport de cette commiſſion. C'eut été d'abord répondre mal à votre confiance que de fixer, ſans éclairciſſement & ſans examen, des bâſes purement idéales, en les appliquant à toutes les Sections indiſtinctement. Nous avons du obſerver les circonſtances particulières qui exiſtent pour pluſieurs Comités, & notamment ſur l'article des logemens, qui doit être la principale dépenſe; enſuite pluſieurs Sections nous ont fait elles-mêmes attendre leurs réponſes juſqu'à ce moment ; il en eſt

A

même encore quelques-unes qui n'ont point satisfait à nos demandes réitérées à ce sujet.

Nous avons recueilli, jusqu'à ce jour, les délibérations de quarante-quatre Comités des Sections; &, comme nous y trouvons une réunion de vœux capable de déterminer votre opinion, nous n'avons pas cru devoir différer plus long-temps de vous présenter ce travail.

Un état joint à ce Rapport, divisé en plusieurs colonnes, forme le rassemblement exact des différentes demandes des Comités; nous vous en offrirons le dépouillement & le résumé succinct.

Nous avons divisé les dépenses des Comités des Sections en quatre articles principaux :

1º Celui du logement ;

2º Celui des chauffage & luminaire ;

3º Celui d'un garçon de bureau ;

4º Et les frais en papiers, registres, fournitures de bureau, &c.

L'article premier, du logement, exige, Messieurs, quelques observations préliminaires.

Vous savez que les maisons religieuses où s'étoient tenues, au mois d'Avril 1789, les Assemblées Électorales, servirent, au mois de Juillet suivant, de lieux de raliment aux Citoyens; &, successivement, la Commune y établit ses Assemblées de Districts; les circonstances étoient urgentes; le choix de maisons convenables étoit alors impraticable; le rétablissement de l'ordre public commandoit toute espéce de sacrifices; & l'équité se vit contrainte, plus d'une fois, de céder à la crise du moment.

D'un côté, la Commune se mit en possession de plus de vingt maisons religieuses où s'établirent, à la fois mais gratuitement, les Casernes & les Comités des Sections.

D'un autre côté, des bureaux de charité & de fabrique, des logemens même particuliers offerts par le patriotisme, ou cédés à l'autorité, servirent de retraite à d'autres Comités de Districts; enfin quelques-uns trouvèrent dans les lieux occupés par les Casernes, un logement dont le prix se trouve confondu dans la location principale de la Caserne.

Vous reconnoîtrez, fans doute, avec nous, Meffieurs, que cette gratuité de logement du plus grand nombre des Comités des Sections & des Cafernes ne peut plus équitablement exifter.

Elle ne peut plus exifter pour les maifons religieufes, puifqu'elles font aujourd'hui à la Nation, & que les produits de location dont elles font fufceptibles font devenus, comme le fond, une partie du gage public & général de la dette Nationale, & du traitement des Religieux.

Quant aux logemens occupés auffi gratuitement dans les maifons particulières, vous ne souffrirez fûrement pas, Meffieurs, que les propriétaires, ou anciens poffeffeurs, reftent plus long-temps victimes de leur générofité ou de leur réfignation; & vous ordonnerez qu'ils foient réintégrés dans la difpofition de ces logemens, fauf à s'arranger librement avec les Comités qui préféreront les conferver.

Enfin la troifiéme claffe de Comités logés avec les Cafernes par un loyer commun, & à la charge de la Municipalité, peut fans inconvénient y refter, tant qu'elle y trouvera de l'avantage pour l'exercice de fes fonctions.

En faifant ainfi ceffer la gratuité du logement pour tous les Comités qui en jouiffoient, & dont le nombre eft des deux tiers des Sections, vous ramenerez cette partie de dépenfe à une évaluation mefurée fur une fage économie; & vous rétablirez cet ordre uniforme qui doit être la bâfe d'une bonne Adminiftration.

Nous allons, fur cette partie, réfumer le dépouillement des réponfes des Sections.

Logemens des Comités.

19. Comités fe trouvent logés gratuitement dans des maifons religieufes, favoir :

Le Ponceau.	Montreuil.	L'Obfervatoire.
La Place-Vendôme.	Gravilliers.	L'Arfenal.
La rue Poiffonnière.	Roi de Sicile.	La Fontaine de Grenelle.
Bondy.	Place-Royale.	Les Quatre-Nations.
La Croix-Rouge.	Les Thermes de Julien.	Ste-Géneviéve.
Le Jardin des Plantes.	Tuileries.	L'Oratoire.
Place de Louis XIV.		

12. Autres Comités font logés dans des maisons particulières, &
même gratuitement, favoir :

Les Lombards.	Le Temple.	Le Luxembourg.
La Halle aux Bleds.	Fauxbourg Montmartre.	Palais-Royal.
Hôtel-de-Ville.	Ifle-S.-Louis.	Notre-Dame.
Invalides.	Les Arfis.	Les Gobelins.

12. Autres font logés avec les Cafernes ; & le logement fe trouve
confondu dans le prix total du loyer de ces Cafernes, favoir :

Le Roule.	Bibliothéque.	Le Louvre.
Les Innocents.	Beaubourg.	Enfans-Rouges.
Henri IV.	Fontaine de Montmorency.	Grange-Batelière.
Les Poftes.	Champs-Elyfées.	Fauxbourg S.-Denys.

La Section Mauconfeil eft logée à fon propre compte.

Celles de Bonne-Nouvelle , de Popincourt , des Quinze-Vingts
& du Théâtre François n'ont point répondu à nos demandes ; ces
différentes claffes forment le nombre des quarante-huit Sections.

Pour vous offrir , Meffieurs, avec plus d'affûrance , la proportion
du prix que vous pouviez adopter dans cette dépenfe , nous avions
demandé à tous les Comités logés ou non gratuitement , de nous
donner l'évaluation dont ils jugeroient fufceptibles , foit leurs logemens actuels , foit ceux qu'ils pourroient être dans le cas de prendre ;
& voici le réfumé de leurs eftimations.

1 Section le porte à .	. . . . .	200 liv.
2 à .	. . . .	300
4 à .	. . . .	400
1 à .	. . . .	500
7 à .	. . . .	600
1 à .	. . . .	700
6 à .	. . . .	800
1 à .	. . . .	900
1 à .	. . . .	1,000
2 à .	. . . .	1,200

26 Comités.

Quant aux dix-huit autres Comités qui complétent les quarante-quatre dont nous avons recueilli les vœux, ils enveloppent cette dépense dans celle de Corps-de-garde ou de Casernes; &, suivant la gratuité ou le prix actuel de ces logemens communs, ils se taisent ou reprennent la dépense du loyer total, qui va de 1,500 liv. jusqu'à 6,000 liv.

C'est donc seulement dans les demandes des vingt-six Comités, ci-dessus désignés, qu'il faut chercher une proportion commune des loyers de tous, de quelle que manière que la dépense doive avoir lieu: vous voyez, Messieurs, que cette dépense s'étend depuis 200 liv. jusqu'à 1,200 liv.; indépendamment de ce qu'il est difficile de trouver, dans cette latitude, un prix moyen, il n'est pas possible de se dissimuler que, suivant les Quartiers, cette dépense doit nécessairement varier; il est certain qu'un logement égal, situé dans le Marais ou dans le Quartier du Palais-Royal, offre une différence du tiers ou de moitié de leur prix; nous pensons donc que, pour obtenir une proportion approximative de la véritable dépense qui doit résulter des logemens des Comités, vous devez les diviser en trois classes, suivant le Quartier où ils doivent être fixés; chacune de ces classes seroit de seize Sections.

La première classe auroit pour *maximum* du prix de son logement 400 liv.

La deuxiéme classe, composée également de seize Sections, un *maximum* de 600 liv.

Et la troisiéme classe, également de seize Sections, obtiendroit, pour cette dépense de logement, un *maximum* de 800 liv.

Nous croyons, Messieurs, que cette méthode, en satisfaisant aux justes observations des Sections, ne s'écarteroit point de vos vues d'ordre & d'économie; alors cette dépense seroit,

Pour la première classe, de. . . . . 6,400 liv.
Pour la deuxiéme classe, de. 9,600
Et, pour la troisiéme, de. 12,800

TOTAL. . . . . . 28,800 liv.

Si vous adoptez, Meſſieurs, cette bâſe, il ſeroit toujours libre aux Comités logés dans les maiſons religieuſes d'y reſter, & vous bonifiriez, à la caiſſe de l'Extraordinaire, les loyers alloués pour la claſſe où ils ſe trouveroient compris ; ou, ſi une eſtimation régulière des lieux qu'ils occupoient dans ces maiſons exigeoit véritablement un prix plus fort par trop d'extenſion de logement, ce ſeroit aux Comités à choiſir un endroit plus économique, ſans que vous ſoyiez obligés de ſupporter cette ſurcharge.

Quant aux Comités logés gratuitement dans des maiſons particulières, ils s'arrangeront, d'après le prix alloué à la claſſe où ils ſeront compris, pour conſerver les mêmes lieux, avec le libre conſentement des propriétaires ou anciens poſſeſſeurs.

Enfin pour ceux des Comités dont le logement ſe trouve confondu avec le loyer payé des Caſernes, votre Département du Domaine diviſera, par une dépenſe d'ordre, la portion occupée par le Comité, & tirera cette dépenſe ſur le prix deſtiné à la claſſe dans laquelle ſe trouveront compris ces Comités, afin qu'en cas de changement, ils ne s'écartent point de ce claſſement, & de la dépenſe fixe qu'il comportera pour cet objet.

B U R E A U X.

Quant aux dépenſes de Bureaux, vous n'avez plus, Meſſieurs, les mêmes conſidérations de localités, puiſqu'elles ſont par-tout au même prix, & de même nature ; nous commencerons par celle d'un garçon de bureau, que toutes les Sections demandent, & qu'il nous paroît indiſpenſable de leur accorder, ſoit pour le ſervice intérieur, ſoit pour les communications continuelles des Comités avec les Corps Adminiſtratifs.

Trente-cinq Sections portent cette dépenſe de 400 liv. à 700 liv. mais plus de la moitié, & conſéquemment la majorité la fixe déterminément à 600 liv., & nous croyons devoir nous fixer à ce dernier prix pour les quarante-huit Comités indiſtinctement ; ce qui fera une dépenſe totale de 28,800 liv.

Chauffage & Lumière.

Sur cet article , nous trouvons vingt-huit Sections fur les quarante-quatre, dont nous avons recueilli le vœu , qui eftiment cette
dépenfe de 200 liv. à 300 liv. Si vous dépouillez , Meffieurs , les
objets qu'elle comprend , vous ne la trouverez pas forcée à cette
dernière fomme ; nous calculons , en effet , que les Comités ne
peuvent guères moins confommer de fix ou fept voies de bois , qui,
à 30 liv. fcié & ferré , feroient un objet d'environ 200 liv. ; que
la confommation de la chandelle , en la calculant à huit livres par
mois , & cent livres par an , feroient un objet de 75 liv. ; qu'il
reftoit enfuite la dépenfe d'entretien d'une lampe dans des efcaliers
ou paffages , en forte qu'il n'y a rien d'exagéré dans le prix de
300 liv. , auquel fe fixe pour *maximum* la majorité des Comités ;
ainfi ce fera une dépenfe de 14,400 liv.

Uftenfiles & faux-frais de Bureau.

Il eft difficile de vous offrir , fur cet article , un vœu porté par
la majorité des Comités ; vingt-quatre proménent cette dépenfe
depuis 100 liv. jufqu'à 400 liv. ; treize la fixent à 600 liv. & le
refte des Comités la porte encore plus haut ; il eft vrai que le plus
grand nombre , ou tacitement ou expreffément , onr fait entrer
dans cette dépenfe les frais d'impreffions.

Cet article nous a paru ne pouvoir comprendre que les affiches
néceffaires pour des convocations de Sections ; vous ne pouvez pas
charger la Municipalité des dépenfes purement arbitraires d'impreffion d'adreffes ou arrêtés qui feroient votés par les Sections ;
ce n'eft d'ailleurs qu'après leur communication au Confeil général
ou Municipal qu'il appartiendra à ces corps , en raifon de l'utilité
de ces différens actes pour le bien public , d'en ordonner , aux frais
de la Commune l'impreffion & la circulation ; ainfi nous n'avons pas
cru devoir confidérer cet article de frais d'impreffions comme un objet
particulier de dépenfes des Comités , ni l'employer pour une fomme
conféquente dans leurs frais de bureau.

Nous eſtimons donc, Meſſieurs, qu'en fondant dans un ſeul article ſous le titre de faux-frais, d'uſtenſiles & entretien de bureau & d'affiches de convocation d'Aſſemblées purement néceſſaires, tous ces menus détails ; & , en les portant à une ſomme de 300 liv. , vous aurez atteint la juſte meſure de cet objet de dépenſe ; en le fixant à cette ſomme , ce ſera, pour les quarante-huit Comités, une dépenſe de 14,400 liv.

Nous ne devons peut-être pas vous occuper, Meſſieurs , des différentes demandes iſolées, faites par pluſieurs Comités.

Quelques-uns demandent les frais d'un Ecrivain ou Commis pour les expéditions & écritures des détails ; vous jugerez que le traitement fait au Secrétaire-Greffier comprend cette dépenſe qui n'eſt d'ailleurs réclamée que par ſix Comités ; l'un demande un Inſpecteur de Sections ; l'autre un ſonneur ; quelques-uns, des loyers de chaiſes ; quelques-autres , des médicamens & linges pour les bleſſés & malades ; ce dernier article eſt ſans doute de nature à occuper votre ſenſibilité ; mais c'eſt principalement dans cette Ville qu'on peut compter ſur la promptitude des ſecours de tous genres ; Medecins , Chirurgiens, Apothicaires , tout s'empreſſe dans ces occaſions de manifeſter ſon humanité ; vous penſerez d'ailleurs que l'effet le plus ſalutaire des remédes , c'eſt la juſteſſe de leur application ; auſſi nous ne voyons pas de quelle utilité, même du moment, pourroient être des remédes conſervés aux Comités ; il ſera auſſi facile de s'en procurer que d'appeller les gens expérimentés qui ſauront en faire uſage ; & nous ne vous arrêterons pas plus long-temps ſur cet article.

Une autre demande, plus fortement appuyée , & ſur laquelle quinze Sections ſe réuniſſent, c'eſt pour l'ameublement ou entretien du mobilier des Comités ; quant à l'entretien, l'article nous paroît juſte ; quant à la fourniture de ce mobilier , nous obſerverons , Meſſieurs, que nous avons peine à la concevoir ; en effet, tous les Comités de Section ont exiſté depuis la Révolution ; tous, dès les premiers momens, ont obtenu des ſecours de tous les Citoyens ; & tous, avec la maſſe des fonds qui ont été recueillis , ont fait les

frais

frais indifpenfables de leur établiffement, c'eft-à-dire , tables , chaifes, chandeliers, armoires , poëles & autres meubles.

Les Sections qui n'ont pas eu de fecours fuffifans pour rembourfer de leurs propres deniers ces dépenfes & toutes celles de leur établiffement , font en réclamation à votre Département du Domaine, pour en obtenir la liquidation ; & , une fois rembourfées , elles rentrent dans le nombre de celles qui y ont fuffi avec leurs propres fonds ; il doit donc refter également à toutes, le mobilier des piéces deftinées aux Comités , & ce mobilier eft tranfportable dans les nouveaux logemens qu'ils voudront occuper; il ne pourroit y avoir que quelques Comités logés dans des maifons de fabriques , ou particulières qui, ayant profité du mobilier dont les lieux étoient garnis , & n'ayant pas été néceffités d'en faire, pour le moment , la dépenfe , fe trouveront, par leur déplacement, dans le cas d'en fupporter la charge ; mais il nous femble que vous ne pouvez rien ftatuer fur cet objet éventuel, fans une vérification préalable des comptes fournis & à fournir par les Sections qui les réclament ; vous n'avez ici à vous occuper que de régler les dépenfes fixes & invariables ; & celle-ci , purement accidentelle , doit aller, par réclamation particulière , à l'Adminiftration Municipale , comme objet d'exception ; nous ne nous arrêterons donc qu'à la dépenfe fixe d'entretien du mobilier , & des menues réparations locatives que nous vous propofons de porter à 100 liv. pour chaque Comité ; ce qui feroit un objet de 4,800 liv.

Tel eft , Meffieurs, le réfultat du dépouillement des demandes des Comités des Sections : nous-nous réfumons dans le projet d'arrêté que nous avons l'honneur de vous foumettre.

ARRÊTÉ.

LE CONSEIL GÉNÉRAL de la Commune , voulant fixer, d'une manière invariable, les dépenfes néceffaires & légitimes des Comités des quarante-huit Sections de cette Capitale ; & , après avoir entendu le rapport de fes Commiffaires , a arrêté :

B

ARTICLE PREMIER.

Tous les comptes, réclamations & répétitions faits ou à faire par les soixante anciens Diſtricts ou les quarante-huit Sections actuelles, relativement à leur dépenſe, depuis la Révolution, feront définitivement réglés & arrêtés au 31 Décembre, préſent mois, pour être enſuite ſoumis au Conſeil Municipal, & appurés par le Conſeil général de la Commune, ſur les vérifications & rapports du Département du Domaine.

I I.

A compter du premier Janvier prochain, & pour l'avenir, les Comités des quarante-huit Sections ne pourront réclamer d'autres dépenſes pour l'exercice de leurs fonctions que celles ci-après déterminées.

I I I.

L'article de dépenſe pour leur logement ſera diviſé en trois claſſes, dont chacune ſera compoſée de ſeize Sections.

I V.

La première claſſe ne pourra excéder, pour le logement des Comités, une ſomme annuelle de 400 liv.

La deuxiéme claſſe ne pourra exiger, pour le même logement, au-delà de la ſomme de 600 liv.

Et enfin la troiſiéme claſſe ne pourra exiger, pour ledit logement, au-delà d'une ſomme de 800 liv.

V.

Les Sections compriſes dans chacune de ces trois claſſes feront indiquées par un état annexé au préſent arrêté ; &, au moyen du paiement des ſommes correſpondantes à leur claſſement, il leur ſera libre de s'établir dans tel endroit de la Section qu'il leur paroîtra plus convenable pour l'exercice de leurs fonctions.

V I.

A compter de la même époque du premier Janvier, il sera alloué à chacun des quarante-huit Comités, une somme annuelle de 600 liv. pour frais d'un garçon de bureau.

V I I.

Il leur sera pareillement alloué, à la même époque & annuellement, pour chauffage & lumière du Comité, 300 liv.

V I I I.

Il leur sera pareillement alloué pour uftenfiles & faux-frais de bureau, & impreffion d'affiches indicatives d'affemblécs des Sections, une même fomme de 300 liv.

I X.

Il leur sera alloué pareillement pour entretien du mobilier des Comités & réparations locatives, une fomme de 100 liv.

X.

Au moyen des différentes dépenfes ci-defîus allouées, & qui demeurent invariablement fixées, les Comités ne pourront fournir aucuns mémoires ni états de frais, pour raifon defdites dépenfes ou de toutes autres, de quelle que nature qu'elles foient, relatives à leur établiffement & à l'exercice de leurs fonctions.

X I.

Quant aux Comités logés gratuitement dans les Maifons Religieufes, & dans lefquelles la Nation a le droit de rentrer, la Commiffion Municipale des biens Nationaux fera proceder, par un des Experts qui ont eftimé lefdits biens, conjointement avec un de ceux nommés par le Comité Eccléfiaftique de l'Affemblé-Nationale, pour cet objet, à l'eftimation des lieux occupés par lefdits Comités; &, fi ladite eftimation n'excéde pas le prix alloué à la claffe où ils feront compris, il leur fera libre d'y refter jufqu'à la vente & difpofition defdites maifons; fi, au contraire, ladite eftimation excéde le loyer alloué, ils opteront ou de choifir un autre lieu dans la Section, ou de parfaire, à leurs frais, la valeur dudit loyer ; & alors la retenue de cet excédant leur fera faite par le Domaine, fur leurs autres dépenfes.

X I I.

Quant à ceux des Comités logés auffi gratuitement, foit dans des Bureaux de Fabriques où de Charité, foit dans des Maifons de Particuliers, il fera libre aux Propriétaires ou anciens Poffeffeurs, ou à la Nation, pour ce qui la concerne, d'y rentrer, pour le premier Avril prochain, fans avoir befoin de fignification de congé; il leur fera tenu compte, à compter du premier Janvier prochain, jufqu'au terme d'Avril, d'un quartier du loyer affigné à cette claffe de Comités, fauf auxdits Propriétaires & Poffeffeurs à conferver, librement & volontairement, auxdits Comités les lieux qu'ils occupoient, pour le prix qui leur eft alloué, avec faculté réciproque aux Comités de changer de local, & toujours fans pouvoir, dans aucun cas, excéder le prix affigné à leur logement.

X I I I.

Enfin, quant aux Comités logés avec les cafernes par un loyer commun, dont le prix eft dès-à-préfent payé par la Municipalité, il fera fait, par le département du Domaine, un prélévement & une dépenfe d'ordre d'une portion dudit loyer général, égale au prix affigné auxdits Comités, fuivant leur claffement, de manière à repréfenter toujours cette dépenfe particulière, & à ne point l'excéder par lefdits Comités, en cas de féparation d'avec la caferne.

X I V.

Les fufdites dépenfes, ainfi qu'elles font réglées par les précédens articles, fe trouveront, pour chaque Comité de la première claffe, monter, au total, à. . . . . . . 1,700 liv. par année.

Pour chacun des Comités de la deuxiéme claffe, à 1,900

Et enfin, pour chacun des Comités de la troifiéme claffe, à. 2,100

Ce qui fera, au total, la fomme de quatre-vingt-onze mille deux-cent livres.

X V.

Les dépenfes feront payées, par quartier, par le département du Domaine, fur la quittance du Préfident de chaque Comité, de deux Commiffaires & du Secrétaire-Greffier; & ledit département du Domaine ouvrira, pour cet objet, un crédit à chaque Section, juf-qu'à concurrence du montant affecté à fa claffe; lefquelles dépenfes feront allouées, dans fon compte, comme dépenfes fixes & cou-rantes de la Municipalité, fans pouvoir être excédées que par déli-bération fpéciale du Confeil Municipal & du Confeil général.

X V I.

Quant aux réclamations particulières de quelques Sections, pour la dépenfe éventuelle du mobilier néceffaire à l'établiffement des Comités, le Confeil général renvoie au Confeil Municipal à y ftatuer, après vérification de la légitimité defdites réclamations, par des comptes fournis ou à fournir par les Sections.

X V I I.

Et fera le préfent Arrêté envoyé aux quarante-huit Sections, comme Réglement fur cette partie de l'Adminiftration.

Suivent les trois Claffes de Sections, avec fixation des prix alloués pour le logement de leurs Comités :

PREMIERE CLASSE à 400 liv.	DEUXIÉME CLASSE. à 600 liv.	TROISIÉME CLASSE. à 800 liv.
Gravilliers.	Ponceau.	Place-Vendôme.
Roi de Sicile.	Montreuil.	Poiffonnière.
Place-Royale.	Fontaine de Grenelle.	Bondy.
Obfervatoire.	La Croix-Rouge.	Les Quatre-Nations.
L'Arfenal.	Les Lombards.	Tuileries.
Les Thermes de Julien.	Le Temple.	L'Oratoire.
Ste-Géneviéve.	Le Luxembourg.	Place de Louis XIV.
Jardin des Plantes.	Faubourg Montmartre.	Halle aux Bleds.
Ifle-S.-Louis.	Hôtel-de-Ville.	Palais-Royal.

PREMIERE CLASSE	DEUXIÉME CLASSE	TROISIÉME CLASSE
à 400 liv.	à 600 liv.	à 800 liv.
Notre-Dame.	Les Arſis.	Le Roule.
Beaubourg.	Les Innocens.	La Bibliothéque.
Eufans-Rouges.	Henri IV.	Le Louvre.
Popincourt.	Fauxbourg S.-Denys.	Fontaine de Montmorency.
Gobelins.	Bonne-Nouvelle.	Grange-Batelière.
Invalides.	Quinze-Vingts.	Les Poſtes.
Mauconſeil.	Théâtre-François.	Champs-Elyſées.

Signé, TIRON, ANDELLE, LARDIN, QUIN.

Lu par M. TIRON en l'Aſſemblée du 29 Décembre 1790, & imprimé par ordre du Conſeil général, qui en a ajourné la diſcuſſion.

Signé, BAILLY, Maire.

DE JO

De l'Imprimerie de LOTTIN l'aîné, & J. R. LOTTIN, Imprimeurs-Ordinaires de la Ville, rue S.-André-des-Arcs, (N° 27) 1791.